# LA COUR DELS SERS

## (Notes et Documents)

PAR

L'Abbé V. FOIX

Curé de Laurède

(Landes)

DAX

IMPRIMERIE-PAPETERIE-RELIURE H. LABEQUE 11, RUE DES CARMES

—

1908

# LA COUR DELS SERS

## (Notes et Documents)

PAR

L'Abbé V. FOIX

Curé de Laurède
(Landes)

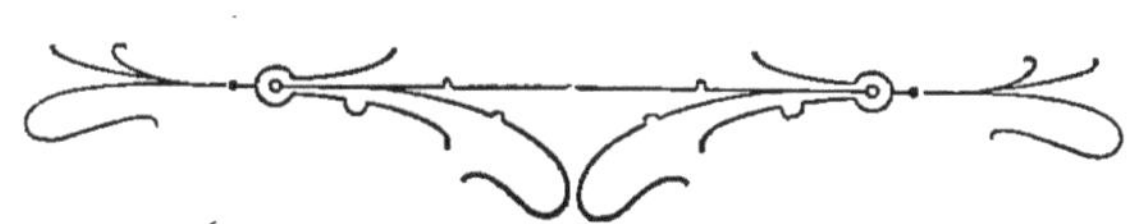

DAX

IMPRIMERIE-PAPETERIE-RELIURE H. LABÈQUE 11, RUE DES CARMES

1908

# LA COUR DELS SERS

## NOTES ET DOCUMENTS

### I — Etat de la question

A Cour dels Sers, ses origines, sa durée et surtout la nature de sa juridiction ont intrigué quelques historiens ou annalistes, comme le chanoine Monlezun. MM. Bourdeau, Dufourcet et d'autres peut-être, qui ont plutôt par leurs documents et recherches excité que satisfait la curiosité. Les documents d'ailleurs sont si rares et ils ont été si peu consultés qu'il paraît bon aujourd'hui de mettre en lumière quelques-uns de ceux qu'il a été possible de retrouver. Ils nous donneront, je crois, sur cette cour restée quasi dans la pénombre un jour plus éclatant, sinon complet.

### II — Etymologie du mot Sers

La première difficulté, c'est la question étymologique. Que signifie ce mot Sers, différemment orthographié suivant les textes ? Car nous trouvons en 1279 et 1314 « curia dels Sers » ou « curia servorum », en 1346 « deus cers » ; mais en 1289, nous retenons comme l'orthographe la plus rationnelle et la plus conforme à la réalité le mot « Sehrs » qui représente en effet étymologiquement le mot primitif « senhors ». D'où je traduis à ce point de vue purement théorique la cour dels sers par la cour des seigneurs. Maintenant voyons si la réalité correspond à la théorie.

### III — COMPOSITION DE LA COUR

Cette cour était composée du vicomte de Marsan ou de son sénéchal, des seigneurs de la Vicomté et des jurats des principales villes ou communautés. Le pays de Marsan comprenait alors cinq baylies ou bailliages judiciaires : les baylies de Bascons, de Mont-de-Marsan, de Perquie, de Renung et de Roquefort.

### IV — JURIDICTION DE LA COUR

La Cour dels Sehrs avait pour justiciables tous les possesseurs de biens-fonds dans les limites de la vicomté — *ad quam illi qui sunt de curia a quibuscumque terras tenent infra dictos terminos veniunt ad mandatum vice comitatus Marciani vel senescalli sui.*

Exception était faite en faveur des seigneurs de la maison de Marsan et des seigneurs de Cachen et de Benquet qui tenaient directement leurs fiefs du roi d'Angleterre.

Le défaut de comparaitre sur assignation donnée devant la Cour était puni d'une amende de 6 sous morlanx.

Toutes les matières réelles et personnelles étaient du ressort de la Cour dels Sehrs. *Item asserit quod venientes ad ipsam curiam in personalibus et realibus actionibus debent et tenentur respondere.* Le roi toutefois se réservait comme d'usage l'exercice de la haute justice, c'est-à-dire en matière de grand criminel, les jugements et les exécutions, et en matière civile la connaissance des affaires relatives à la qualité féodale des personnes et des héritages — *salva et retenta nobis alta justicia, cognicione de capite hominibus et fundo terræ in militibus, nobilibus et aliis qui sunt de dicta curia et a nobis tenent immediate*

Il résulte de ces textes que la Cour dels Sehrs n'avait droit que de moyenne justice, dans la plupart des cas.

Elle avait en outre pour attribution de recevoir les serments réciproques du vicomte de Marsan et de ses vassaux à chaque mutation de seigneur.

Les rares documents que nous avons pu retrouver se rapportent à des événements de ce genre. En 1289 par exemple, Gaston de Béarn vient de mourir et passe l'héritage à sa fille Constance qui s'empresse, au nom de la coutume, de convoquer l'assemblée plénière où les nobles et les villes lui prêteront serment de fidélité. Il paraît toutefois que la jeune vicomtesse éprouva quelques difficultés de la part des officiers du Roi d'Angleterre, puisque celui-ci intervint personnellement pour recommander à son sénéchal de laisser à la tenue de cette cour pleine et entière liberté, se réservant néanmoins et d'une manière expresse la haute justice criminelle et civile comme il est dit ci-dessus.

Constance ayant testé en faveur de sa sœur Marguerite, nous retrouvons la cour dels Sers, dès que Marguerite prend en mains les rênes du pouvoir (vers 1312), puis vers 1323, quand Gaston, son petit-fils, inaugure son règne, puis en 1343, quand sa veuve, Eléonore de Comminges, recueille l'héritage, et enfin en 13.6, quand elle a dû l'abandonner à son fils Gaston-Phœbus.

Depuis lors, plus de traces de notre cour, bien que les dénombrements et hommages à muance de seigneurs et de vassaux se soient perpétués jusqu'à la Révolution.

La nomenclature des fiefs compris dans les dénombrements que nous possédons sont une source précieuse pour les généalogistes et les historiens. Les listes connues commencent en 1279 : la liste de cette année est la plus intéressante, parce qu'elle est la plus ancienne, la plus complète et du tout inédite.

Quoi qu'il en soit, nous pouvons indiquer en résumé quelles étaient les seigneuries principales qui ressortissaient de chaque bailliage en particulier et de la cour dels Sers dans l'ensemble.

Ainsi de Bascons relevaient les seigneurs d'Artassenx, Baustens-Sédassé, Brassenx, Maurrin, S. Maurice, etc.

De Mont de-Marsan, les seigneurs de Beuste, Campet, Carrasset, Cazaux, Cère, Cézeron, Gaillère, Garein, Lacassagne, Lajus, Lucbardès, Maichen, Martienx, Montolieu (de Mont-de-Marsan), Parentis, S. Avit, etc.

De Perquie, les seigneurs d'Argelouse, Arricau, Bascaules, Bourdenx, Bougue, Bresquedieu, Caucabane, Cocut, Estang, Gaube, Hontanx, Labarthe, Labroquère, Lagarde, Lailleugue, Larée, Meignos, Ognoas, Peyrelongue, Ravignan, Rimblès, S. Aubin, S. Gein, Toujouse, etc.

De Renung, les seigneurs de S. Jean-la-Castelle, Bachen, Herbeguères, Bruillet, Castandet, Castelnau, Dade, Fargues, Feuxaroles, Lafitau, Laneluc, Laminsans, Lanusse, Lartigue, le Lau, Lussagnet, Molès, S. Savin, le Vignau, etc.

De Roquefort, les seigneurs de Cachen, Laporte, Malartic, Mauvesin, Mirailh, S. Quentin, le commandeur de Bessaut, etc.

L'intérêt consiste précisément à retrouver la suite des titulaires divers qui ont occupé les seigneuries en question, et par conséquent les procès-verbaux des séances. Tout n'est pas perdu heureusement.

## V — Cérémonial et Formulaire des Assemblées

D'après les procès-verbaux existants, ou plutôt les fragments de procès-verbaux, neuf jours avant l'assemblée le vicomte ou son sénéchal, qui s'intitulait pour l'heure « viguier de la viguerie de la cour dels Sers en Marsan », envoyait par lettre un mandement officiel aux cinq « bayles » de Bascons, Mont-de-Marsan, Perquie, Renung et Roquefort, avec ordre de convoquer les nobles ou autres au jour fixé que nous constatons ordinairement un lundi, et mention expresse de l'objet de cette convocation, recevoir du vicomte et lui prêter le serment traditionnel. Après quoi les bayles recevaient une cédule écrite contenant les noms de ceux qu'il fallait convoquer. Les bayles, sous-bayles et messagers de chaque château-fort et baylie exécutaient leurs commissions, et au jour fixé, le vicomte entrait dans la cour dels Sers érigée comme un tribunal, s'asseyait et s'enquérait si les bayles avaient rempli leur devoir de convocation. Ceux-ci se présentaient immédiatement et remettaient aux mains du vicomte leurs pouvoirs, c'est-à-dire la lettre de convocation et la cédule ou liste nominale. Puis la séance continuait et s'achevait par la prestation des serments.

On nous a même conservé la formule de procédure contre les défaillants. Après les neuf jours traditionnels on les convoquait encore deux fois, après quoi on procédait judiciairement.

Nous n'avons pas à vrai dire le cérémonial particulier, ni même le formulaire spécial à cette cour de la prestation des hommages. Ils ne devaient pas sans doute différer beaucoup des formules ordinaires, comme n'en différait pas d'ailleurs le serment vicomtal que nous n'avons pas cru devoir reproduire. Nous ajouterons que parmi les communautés ordinairement convoquées mention doit être faite d'Aire, Arthez, Bascons, Cazères, le Frêche, Grenade, Hontanx, Laquy, Perquie, Pimbo, Ronde-bœuf, Renung, Roquefort, S. Gein, S. Justin, S. Avit, Urgons, Ville-neuve, etc.

Les documents sur la cour del Sers, quoique rares et presque inconnus, sont néanmoins trop longs pour être reproduits. Les fragments qui suivent donnent d'ailleurs une idée aussi complète que possible du fonctionnement de cette cour et serviront de preuves justificatives aux assertions que nous venons d'émettre.

V. FOIX.

Exception doit être faite cependant pour les hommages de 1279, source unique et très précieuse pour la noblesse de Marsan au XIII⁰ siècle, pour l'existence de plusieurs paroisses disparues et pour l'ancienneté de beaucoup d'autres. La linguistique y est également intéressée comme aussi la science de quelques usages féodaux qui ne se rencontrent guère que là.

# PIÈCES JUSTIFICATIVES

I

ANNÉE 1289. — *Le Roi d'Angleterre Edouard I<sup>er</sup> recommande à son sénéchal de Gascogne de laisser pleine liberté à la tenue de la Cour dels Sers.*

« Rex senescallo suo Vasconie... Volumus... quod... Constanciam, vice comitissam Marciani, permittatis libere tenere et exerceie curiam suam de Sehrs, sicut per ipsam et predecessores suos fieri consuevit, nec ipsam super hoc aut gentes suas impediatis... salva et retenta nobis alta justicia, cognicione de capite hominis et fundo terre in militibus, nobilibus, et aliis qui sunt de dicta curia et a nobis tenent immediate... Apud Condomium 24 April 1289 » (1).

II

VERS 1314. — *Requête et plaintes de Marguerite, comtesse de Foix, au sénéchal d'Aquitaine, Amaury de Créon* (2).

« Item asserit quod habet curiam dels Sers ad quam illi qui sunt de curia a quibuscumque terras tenentes infra dictos terminos veniunt ad mandatum vice comitatus Marciani vel senescalli sui.

Item asserit quod omnes vassalli qui sunt de dicta curia in ipsa curia prestant juramentum fidelitatis vicecomitatui Marciani.

Item idem vicecomes tenet curiam ipsam per se aut per senescallum suum juratum et in curia monstratum.

Item si quis ad curiam dels Sers vocatus per ipsum, non venit, solvit et solvere compellitur vicecomiti pro de faita VI sols morl.

----

(1) *Rôles Gascons*, t. II, p. 432, nº 1400.

(2) La pièce n'est pas datée ; mais on sait qu'Amaury de Créon était sénéchal d'Aquitaine en 1314 (arch. histor. Gir., t. 28, p. 469). Il l'était encore en 1320 (arch. B.-P., E. 188). Nous donnons seulement la partie de la requête relative à la cour dels Sers.

Item asserit quod venientes ad ipsam curiam in personalibus et realibus actionibus debent et tenentur respondere, et pleno stare jure in ipsa curia dels Sers coram vicecomit[e] Marciani aut senescallo suo jurato et monstrato ; tamen non dicit quod domus de Marsano sit de curia dicta et justiciatu suo, quia de eodem genere descenderunt.

Item dicit quod sunt aliqui tenentes a Domino rege, sicut dominus de Cayssen et dominus de Benqueto qui ad dictam curiam per baiulum castri in cujus districtu et peadgio constituuntur.

Item asserit quod illi qui sunt de curia dels Sers mandantur ad illam curiam per baiulum vicecomitatus castri seu loci in cujus districtu et pedagino consistunt (et sic est consuetum fieri ab antiquo) » (1).


## III


1346. — *Cérémonial et formulaire de Gaston de Foix à la Cour dels Sers de 1346*

« Gasto se presenta en la cort deus Cers, laquau aue feit manar adaqueg diluns per far e per receber lo segrament acostumat de far a mude de senhor en Marsan, ab sas letres patentz, la tenor de lasquaus dejus es escriute, e lo dit senhor... sedent per tribunal en la diite cort deus cers, fo de part de luy domanat si eren aquy los bailes o lors messadges quy los mans auen feitz, et aquy medix de la part deu baile deu Mont fo presentade la letre deu man de la cort e une cedule en paper escriute contient los nomys deus manatz de son bailiadge...

S'ensec la tenor de las letres patentz... Gasto .. beguer de la beguerie de la cort deus cers en Marsan, au baile deu Mont... Marsan vos que manetz o fasatz manar per los beguers e messatges degutz e acostumatz per espaci de IX dies totz e sencles nobles e no nobles quy son deu man de lad. cort deus cers... que diluns apres la feste de N<sup>re</sup> done de Marcs prosiman bient, comparesquen per dauant nos en ladiite cort deus cers arceber de nos e a far a nos lo segrament degut... Dades au Mont de Marsan dijaus XII die en Mars anno Domini 1345.

E la tenor de la cedule deus nomys es atau :

---

(1) Archiv. des Basses-Pyrénées, E. 507. Parchemin original.

Deu Mont. La done de Montoliu. Pes Marsan. Lo senhor de Campet. La done de Dezest de Garenh. Lubat senhor de Garenh en sa partide. Lo senhor de Gareng. Lo senhor de Casaus. Lo senor de Maysent. Vidau de Campet. Lo senhor de Lecassanhe. Lo senhor de Sent Avid. Per Arnaud de Crabere, senhor de Martienx en sa partide. Los senhors de Cere. Amanyu de Casaus. Lo senhor de Cezeron. Philip de Carrasset. Pes de Carrasset. Guiraut de Carrasset. Lo senhor de Castanhe. Pes de Farbaus. Pes de Castet. Lo senhor de Ladius. Bibian de Caussit. Bernad deu Poy en la parroque e deu Mont. Lo senhor de Beuste. Bernad Guilhem de Lugautenh o son hereter, Fortaner de Garderon, lo senhor de Parenties, lo senhor de Lugautenh per Lucbardes Sobiran. Lo senhor de Galhere. Johan de Gontaut peu Casterar e peu moly deu Cauroo (?). Arnaud de Lobart, senhor Dailhey. Lo baile deu Mont.

De la part deu baile de Perquie... Mossenhor labesque Dayre. Lo senhor Dastaa. Lo senhor de Sent Geing. Lo senhor de Sent Aubin. Lo senhor de Labarte. Lo senhor Daysiu. Lo senor de Laree. Lo senor de Toyoze. Lop Aner de Lafite. Lo senhor Dargelose. Lo senhor Darrimbler. Lo senhor de Caucabane. Le senhor de Bogue. Lo senhor Donhoas. Lo senhor deu Bresquediu. Lo senor de Bascaudes. Lo senhor de Lagarde. Lo senhor de Sent Cric. Lo senor de Cocug. Lo senor de Labroquere. Lo senhor de Gaube Juzaa. Lo senhor de Labadie Daueron. Lo senhor de Leleguuese. Lo senhor de Bordenx. Lo senhor Darricau. Lo senhor de Menhos. Lo senhor de Sent Maurici per la terre de Meihon.

De la part du baile Darrenu... L'abat deu Sent Johan. Lo senhor Darzac. Lo senhor de Castandet. Lo senhor deu Castegnau. Lo senhor de Lartigue. Lo senhor de Laminsans. Arnaud Darrenun. Arnaud Guilhem de Dado. Lo senhor de Feugueroles. Lo senhor deu Laur. Lo senhor Fargoes. Lo senhor de Poy. La senor de Lafitau. Lo senhor deu Vinhau. Lo senhor de Molees. Lo senhor de Lussanhet. Lo senhor de Bayssen. Lo senhor deu Brulhet. Lo senhor de Laneluc. Lo senhor de Dauney. Lo senhor deu Poy. Lo senhor de Sent Saviy. Lo senhor de Berbegueres. Lo senhor de Lalanusse.

De la part deu baile Darroquefort... Mossen en Pes de Mairos (?). Lo senhor de Fargues. Lo senhor de Laporte. Lo senhor de Malartic. Lo senhor de Sent Quintin. Bernad de Moieg (?). Lo senhor de Maubesin. Lo senhor de Bascaudes. Arnaud Guilhem de Gassissans. Arnaud Guilhem de Cayssen. Lo senhor de Romadgees. Lo senhor de Morelha (?) Lo comanay de Bessau.

De la part deu baile de Bascor... Arnaud de Meurrin. Lo senhor de Bausten Cedasser. Lo senhor Dartassen. Arnaud Guilhem de Lussanhet. Martin de Cadalhon. Guilhem de Brassenx. Bernad de Laboerie. Lo senhor de Sent Maurici.

... Seguen se los nomys deus quy juran, Mossen en Sans Aner, abat deu mostier deu Sent Johan de Lacastele. Arnaud Bernad Dastaa, senhor de Puyoo. Mossen en Fortaner Desgarrebaque, senhor de Fontanx. Bos de Lopgrate, senhor de Laminsans. Bernad, senhor de Sent Maurici. Gassissans, senhor de Meurin. Berart, senhor de Molees. Pes de Farbaus. Vidau Bresquit, senhor de Lacassanhe en sa partide. Arnaud Desgarrebaque, senhor de Gaube ; Ramond Bernad, senhor de Mynhos. Ramond Bernat Darrevinhaa per nom de Ramon Bernad son pay et cum son filh hereter. Arnaud, senhor de Lartigue. Arnaud, senhor de Lussanhet. Aner Lup de Bidoze, senhor de Peyrelongue. Bernad Johan de Calen. Laurens de Mercader per l'afar de Maxen. Arnaud Lubatoo, senhor de Labroquere en sa partide. Amanyu de Casaus. Arnaud Lup, senhor Darrimbler. Bernad, senhor de Larroyee. Amanyu de Casaus lo joen. Ramon Bernad Dauros, senhor de Sent Abit. Bernad, senhor de Poy. Guiraut de Carrasset. Pes Ferran per l'afar de Bausten Cedasser. Bernad de Brassenx, cum tutor segont que dixo deus enfantz de Guilhem Bernad de Brassenx. Lo medix Bernad per sy medix per l'afar de Sent Germee. Andrieu de Brassenx per sa part deu medix afar de Sent Germee. Bernad de Lanelup. Bernad de Lussanhet, per l'afar... (manque). Bertran Dandiraa, comanay de Bessau. Arnaud, senhor de Laporte. De Malartic per so que ha a Belis e a La Cassanhe. Pes de Possinhac (?). Bernad de Malartic per lo feit Darredioos. Bernad Tapie Darroquefort per sa partide. Maeste Pes Arnaud de Crabere per l'afar de Martienx. Pes de Bernad per so que tiey a Castet. Guiraut de Serbasen diit de Biat per so que tiey a Poy de Saube. Bernad de Casenaue cum a tutor de Fortaner de Casenaue per so que tiey Arue, e en la parroque Darroquefort. Pes Johan de Na Cathaline per lo territori quy tiey a Granade aperat la Condau, e fe une lance blanque. Aunors de Labroquere, done Darricau. Guilhem deu Poey per so que tiey à Palassoo. Fortaner de Goarderoo per so que tiey à Palesoo. Vidau de Nabeir per so que tiey a Palesoo. Lop Bergunh Desgarrebaque, senhor de Gontaut de Sent Justiy...

Aqueste forme de letre fo trobade en un libre de la cort deus Cers en que ere aixi medix declarat la maneire de procedir contre los falhentz **cum dessus es dit :**

« Marguerite, comtesse de Foys, vescomtesse de Bearn e de Marsan aus nostres amats bailes de Perquie, Darrenun, de Bascor, deu Mont de Marsan et de Roquefort, e lors locx tenentz, salutem. Manan los que bos de nostres partz e de la cort dels Cers requiriatz cascun, segont que a nos apartienen a taus e a taus quy tres betz manatz per nos o per nostre senescauc a la diite cort no son comparescutz nys an feit segrament segont que es acostumat, que bienquen far lo segrament e bienquen au dret significantz e incriminantz a lor que si no bienen far lo segrament e au dret, nos e la cort procediram contre lor en quant que sera darrason, fasen far de la requeste e intimacion public instrument, loquau nos aportetz. Dades dels cers dicmenge prumer die de Junh anno Domini 1315 » (1).

IV

*Etat des limites de la vicomté de Marsan sous Constance, vicomtesse,
1290-1310*

« Antiqui nominant decos ville Montis Martii usque ad rivum Doos et sicut rivus ille scindit usque a la Lodoze. Item usque ad rivum de Capcornau sicut rivus ille scindit et intrat la Lodoze. Item usque au Barat de Loncanhas et usque au Barat deu Stiu versus Rupem fortem, et sicut illud barat scindit usque ad Meydor. Item usque a la font deu Barbo et usque au Tascon de Baussen versus Perquirium. Item usque ad combam de Farbaux super viam que transit Bascor. Item usque ad terram appellatam Papeulut. Item usque ad Sangenees, et deinde usque ad rivum appellatum lo Manhier et sicut rivus ille intrat a la Lodoze.

Sed decos habet villa Montis Marcii scriptos in foro suo antiquo. Modo sequuntur decii baylie Montis Marcii et termini.

Antiqui nominant terminos bayliæ Montis Marciius que ad rivum de Bargues qui transit per Bausten sicut idem rivus scindit et transit per molam de Bausten et per molam de Lobanhon, et deinde sicut scindit,

---

(1) Archiv. B.-P., E. 300. Original. Extrait d'un Registre in-4° de 102 feuillets dont le tiers au moins est consacré aux hommages de la Cour dels Sers. M. Paul Raymond ayant imprimé dans son inventaire une partie des nobles de Marsan qui comparurent à l'assemblée du 27 février 1343, j'ai cru bon de reproduire comme inédite la liste de 1346 Monlezun a également cité en grande partie les hommages de 1343 (Hist. de Gasc. VI-467).

transit et intrat in aquam apellatam Ladoze, sicut exterminantur cum baylia de Rupe-Forti. Et usque au Miudor sicut exterminatur cum baylia de Perquerio.

Item usque ad rivum et usque a Bordes sicut exterminatur cum baylia de Perquerio in il'a parte. Item usque a Bausten Cedasser sicut rivus de Bausten scindit versus Bretanhe sicut exterminatur cum baylia de Bascor. Item usque ad Santum Petrum de Condz et deinde inter Vertz et Sorion sicut exterminatur cum terra vice comitis Tartasii, et terra domini de Luqueto, et deinde versus lo Luy usque ad rivum de Campanhe sicut exterminatur cum propositura S. Severi et cum terra vice comitis Tartazi, et deinde usque ad portum de Besle sicut exterminatur cun terra vicecomitis Tartazi. Item usque ad rivum de Gelos qui transit per Campet, et deinde usque ad Garenh, et deinde versus Brocas sicut parochia de Brocas exterminatur cum terra domini de Lebreto et deinde usque ad aquam apellatam Lagraveyre sicut exterminatur cum terra domini de Cayssen et cum baylia de Rupe-Forti ultra viam publicam. Item de Lagraveyre sicut via publica transit usque ad rivum de Canenx sicut exterminatur cum baylia de Rupe-Forti, et deinde sicut rivus de Canenxs scindit et cadit in aquam apellatam Lodoze sicut exterminatur cum baylia de Rupe-Forti in illa parte.

Antiqui decos castri et ville de Rupe-Forti nominant usque ad terram Mathei deu Cauberes versus Sanctam Quitheriam. Item usque ad terram de la Ceube versus ecclesiam de Sarbazano. Item usque ad terram Sanctix Genix versus Guavarretum. Item usque ad ... de la terre deu Gassiat versus Medicinum. Item usque a la Lomet versus Bazatum. Item usque ad terram de Luyan versus Niminsanum. Item usque ad terram de Debadeson. Item ad cornu terræ Rotgerii de Malartico et Guilhermi Puyol versus Montem-Marcium.

Antiqui nominant terminos bayliæ de Rupe-Forti : primo usque ad motam deu Tascon de Lanegran versus Capsius ; deinde usque ad a la Gavardan versus Gavarretum, et deinde per caput sobiran de Bergonsse usque a La Gutere de Montaut versus Gauarretum, sicut exterminatur cum terra et baylia de Gauarret, et deinde usque au Lamet, et deinde usque au Tausin Durran, et sicut exterminatur cum terra et pedagio domini de Malovicino, et deinde usque ad rivum de versus Julianum sicut exterminatur cum dicta terra domini Malivicini. Item deinde usque ad rivum deu Garbay et deinde usque aus Berts de Luco, et usque ad rivum de Lamolere versus Perquerium, sicut exterminatur cum baylia et peagino de Perquerio. Item de Rupe-Forti usque ad rivum de Lobayson versus Montem-Marcium et deinde sicut rivus ille scindit et intrat aquam La Lodoze et deinde usque ad rivum de Canenx, sicut et hospitali de Canenxs rivus ille et intrat la Lodoze et dela de Canenx sicut via publica vadit et ducit usque ad dictam motam de Lanegran.

Decos Villanova usque ad Tascas de Malomolino versus Rupem-Fortem. Item ad castrum de Lagarde versus Sanctam Quitheriam. Item ad rivum de Lagaube versus Armaniacum. Item usque ad ecclesiam de Badigos versus Montem.

Decos d'Arrenu usque ad rivum de Lorden versus la Castella. Item usque ad rivum de Ribelaran versus Sanctum Severium. Item usque ad aquam dictam Lador versus Montem-Marcianum. Item usque ad fossatum appellatum versus Miramontem.

Decos de Adura usque ad Anssatam de Cruce versus Armaniacum. Item usque ad rivum deu Bassaut versus Montem. Item usque ad crucem de Mansso in pedecosta versus Sanctam Quiteriam. Item usque ad Nejaut appellatum Senbossent versus Sanctum Johannem de la Castella.

Decos de Bascor usque ad Tascon commune versus Arrenum. Item usque ad caput carreriæ Constantini versus Artassen. Item usque au barat de Bonluc versus Nogarolum. Item usque au barat casalis de Labarberie versus Sanctum Severum.

Decos de Perquerio usque au barat de Seube versus Nogarolum. Item usque ad rivum de Fontanis versus Montem Marcianum. Item usque Ianbum ague (?) versus Gavarret. Item usque ad nemus apellatum de Meurrin versus Aduram » (1).

V

*Hommages des seigneurs de l1 Cour dels Sers rendus en 1279 à Gaston, vicomte de Béarn et de Marsan*

« Die martis ante festum Beate Catharine virginis in curia servorum, coram nobili Domino Gastone, vicecomite Bearniy, et coram Domino Aymont de Genebre vicescomite Martiany.

---

(1) Archiv. B.-P., E. 12. Copie. Reproduit dans la collection Doat, vol. 174.

Domina Almalbini Dartassen dixit et recognovit quod tenet omnia quæ habet apud Bascoor de vicecomite Martiani, et illa quœ habet apud Bausten, prope castrum de Bascor, et terram de Til quœ et prope Guoalhera, pro qua terra de Til debet facere sporla unam lanceam ad mutationem domini, et est de curia servorum. Item dixit quod castrum de Artassen cum pertinenciis suis tenet a domino Rege Angliæ, tamen debet venire ad curiam servorum, et est de curia, et ibi debet recipere jus in curia servorum pro his quæ tenet a domino rege, nihilominus venire ad curiam de Bascoor coram vicecomite Martiani vel ejus certo mandato. Item pro terra deu Til debet recipere jus in curia servorum. Testes, Vitalis Fauer, prœsbiter, Arnaldus de Simion, Amaneus de Poilabaut, Arnaldus de Laloberie, Ramon de Cadelho, Petrus Agudo, Raymundus Bernardii de Brassenxs, Petrus du Toyar de Artassen : carta facta per Bertrandum Arqueri, notarium Montis Martiani.

Item Arnaldus Raymundi de Dado, domicellus, dixit et recognovit quod casale quod habet in parrochia de Borderes, quod vocatur casale de Bonluc, tenet de vicecomite Martiaci, pro quo debet et tenetur facere sporla ad mutationem detz soos morlaas, et est de curia servorum.

Item Raymundus de Cadelhono dixit et recognovit, et prœstito ad sancta Dei evangelia juramento, quod ratione terræ et affarii de Andeissano debet venire ad curiam servorum, et est de curia servorum et ibi debet stare juri coram vicecomite Martiani. Testes Vitalis Fauer, præsbiter (ut supra). Actum die sabbati ante festam Beati Nicolai apud Bascoor, anno Domini 1279.

Item idem Raymundus eodem modo prœstito juramento, recognovit quod ipse et filius suus tenent affarium et ea quæ habent apud Bascoor et apud Villam novam de vicecomite Martiani, et debent venire ad curiam de Bascor coram vicecomite Martiani vel ejus mandato, et ibi stare juri et debent jurare vicecomitem Martiani de omnibus viventibus, et pro illis quæ habent apud Villam novam stare juri in curia Villæ novæ coram vicecomite Martiani vel ejus mandato. Testes ut supra.

Item Guilhermus Bernardi de Brassenxs, domicellus, dixit et recognovit quod tenet terram et affarium de Brassenxs a domino Rege ; tamen pro illis est de vigueria et de curia servorum, et debet venire ad curiam servorum et ibi stare juri coram vicecomite Martiani ; item ea quæ habet apud Bascoor tenet a vicecomite Martiani.

Item Arnaldus Guilhermus de Lussanheto, domicellus, dixit et recognovit quod per ea quæ habet apud Bascoor est de curia Bascoor, et debet

venire ad curiam de Bascoor coram vicccomite Martiani, et pro his quæ
habet Artassen est de vigueria et de curia servorum, et debet venire ad
dictam curiam servorum coram vicecomite Martiani, et ibi stare juri.

Item Petrus de Bonheres, miles, dixit et recognovit quod affarium de
saint Boneres in parrochia de las Vedelhes cum pertinentiis suis est de
vigueria Martiani, pro quo affario est homo et vassallus vicecomitis
Martiani, et debet venire ad curiam castri de Renun, et ibi stare juri
coram vicecomite Martiani, et ipsum deffendere et juvare. Item dixit
quod tenet affarium et terram quæ vocatur lo Laur de domino Rege
Angliæ, pro quo affario seu terra est de vigueria, et tenetur venire ad
curiam servorum et ibi stare juri coram vicecomite Martiani. Testes :
Guarsias Arnaldi de Petralonga, Arnaldus de Artigua, Oddo de Fita,
frater Petrus Arnaldi de Vedato, prior sancti Joannis, Arnaldus de
Renu, Raymundus de Cadelhon, Arnaldus Semion, Lupus Anerius de Fita.

Item Ispanus de la Saligua, domicellus, dixit et recognovit quod
affarium de Castandet tenet de vicecomite Martiani, pro quo affario est
homo et vassallus vicecomitis Martiani, et debet ipsum deffendere et
juvare, et debet venire ad curiam servorum coram vicecomite Martiani,
pro quo affario debet idem facere quindecim [solidos morlanos] ad
castrum de Renun. Item affarium de Lafitau et terras de las Saliguas et
alia quæ habet tenet et est de vigueria, et ratione vigueriæ debet et tenetur ire ad curiam servorum, et ibi stare juri coram vicecomite Martiani.

Item Bernardus de Lanelongua, domicellus, dixit et recognovit quod
omnia quæ habet in toto Martiano tenet sine omni medio de vicecomite
Martiani, pro quibus est homo et vassallus vicecomitis Martiani, et debet
ipsum juvare et deffendere, exercitum et cavalgatam facere, et venire ad
curiam servorum et ibi stare juri coram vicecomite.

Item Bernardus de Lucet, domicellus, dixit et recognovit quod omnia
quæ habet in Marsano tenet immediate de vicecomite Martiani, et dixit
quod unum solum habet in castro de Renu pro quo debet venire ad
curiam de Renu coram vicecomite Martiani, et debet stare juri pro istis
in curia deus sers coram vicecomite Martiani. Testes : Garcias de
Petralonga, Arnaldus Darenum, Arnaldus de Artigua, Oddo de Fita,
frater Petrus de Bedato, prior Sancti Joannis, Raymundus de Cadelhon,
Arnaldus de Simion, Lupus Anerius de Fita. Actum apud Bascoor die
sabbati ante festum Beati Nicolai.

Item Lupus Anerii de Baissen dixit et recognovit quod tenet castrum
de Baissen cum pertinentiis suis immediate a vicecomite Martiani, quod

castrum debet sibi reddere irato vel paccato : item terram de Sent Martin de dicto vicecomite, pro qua debet facere quindecim soos morlaas pro sporla ad mutationem domini. Item, terram de Sansam Arressau de dicto vicecomite pro qua debet facere pro sporla alios quindecim solidos morlanos. Item dixit quod tenet casale deu Fazet, et pro ipso casale debet venire ad curiam dels sers et ibi stare juri. Item dixit quod vicecomes Martiani dum ei castrum tradiderit debet sibi dare ad maleutam, dum fuerit requisitus per dominum de Baissen. Item post hæc vero domina Amelfta, uxor dicti Lupi Anerii, domina de Baissen, dixit et concessit sub sacramento in curia dels Sers.

Item Fortanerius de Poey, domicellus, dixit et recognovit quod tenet terram de Poey cum pertinentiis suis, et totam terram quam habet in Martiano immediate de vicecomite Martiani, pro quibus debet facere pro sporla triginta solidos morlanos, et dixit quod homines qui in dictis locis vel terris starent vel habitarent debent vicecomiti facere exercitum et cavalgatam, et ipsemet venire ad curiam dels Sers.

Item Raymundus de Brulhetto, dixit et recognovit quod tenet terram deu Brulhet cum pertinentiis suis, et omnia quæ habet in Martiano est de vicecomite Martiani, pro quibus debet facere pro sporla viginto solidos et venire ad curiam dels Sers.

Item Guilhermus Raymundi de Fourguis dixit et recognovit quod per ea quæ tenet de vicecomite Martiani debet stare juri in curia Darenun et pro aliis terris quas habet in Martiano et est de vigueria, et debet venire ad curiam dels sers et est de curia dels Sers.

Item Arnaldus de Artigua, domicellus, dixit et recognovit quod omnia quæ habet in Martiano de vicecomite Martiani tenet, et debet venire et stare juri in curia de Renu, excepta terra quam habet ratione vigueriæ, et pro illa debet venire ad curiam dels Sers ; et pro terra de Podsegur, . et pro casali Daurandet debet facere messadam apud Arenun de quindecim diebus ad mandatum domini, et pro his est homo et vassallus vicecomitis Martiani Item dixit quod est viguerius loci de Renu pro dicto vicecomite.

Item Bernardus de Renun dixit et recognovit quod est homo et vassallus vicecomitis Martiani pro his quæ habet apud castrum de Renun, et est de curia Renun, et debet apud curiam dels Sers venire, si aliquis de eo conqueratur vel si ipse appellaret ad dictam curiam dels Sers.

Item Ispanus de Miussens, domicellus, dixit quod recognoscebat vicecomitem Martiani dominum de omnibus quæ habet in Martiano, et specialiter apud castrum de Renu in affario seu terra quam habebat a Cancre, et pro his omnibus debet facere messadam ad castrum de Renu cum sex hominibus, cum duobus de pariagio et quatuor aliis qui non sunt de pariagio, et dixit quod vicecomes ad preces dicti Ispani debet relaxare et aquitare dictos quatuor homines vel dicta mesada postquam ipsi fecissent messadam per unum diem vel duos dies, et quod debet venire ad curiam dels sers. Testes : Raymundus de Cadelho, Arnaldus de Lartigua, Menaldus de Freguor, Raymundus de Laloberie, Joannes de Genauet, Amaneus de Poylobaut, Martinus Spinssé.

Item Arnaldus Bosqueti, domicellus de Perquerio, dixit et recognovit quod tenet de vicecomite Martiani affarium et terram de la      et totum affarium de Guossias, illud quod ipse habet ibi, et terram de Lauqueron, pro quibus debet stare juri coram vicecomite Martiani, et eidem facere exercitum et cavalgatam, et est de curia dels Sers. Item dixit quod habet et tenet tria casalia ad feudum, et dixit quod prædicta casalia, domina Matha quondam vicecomitissa Martiani, accœpit ad manum suam, quæ casalia tenent sorores de Victrinis, et dixit quod prædicta domina Matha præcepit quando cedidit naufretare quod sibi restituerentur.

Præterea ibidem Lupus de Arimblet, dominus de Arimblet, domicellus, dixit et recognovit quod omnes terras in Marsano tenet de vicecomite Martiani, excepto castro de Arimblet cum suis pertinentiis, pro quibus terris debet venire ad curiam dels Sers, et facere exercitum et cavalgatam.

Et ibidem Arnaldus Lupi de Labroquet, miles, dixit et recognovit quod ratione castri seu affarii de Labroquet est de curia dels Sers, et debet facere exercitum et cavalgatam cum suo personario dicti castri, et mittere unum militem, et si personarius prædictus mittat illum militem ad faciendum illud deberium, sed est immunis ab illo deberio, et si vicecomes vult facere bellum campale, vel obsidere aliquod castrum ipse vel personarius suus vel unus eorum debet in propria persona ire cum dicto vicecomite et ista deberia debet facere dicto vicecomiti ratione et nomine vigueriæ. Item dixit quod pro affario et terra d'Aguos debet venire ad curiam dels Sers, et facere exercitum et cavalgatam, et mittere ad faciendum illud deberium duos pedites vel unum scutiferum et sibi aliud possit invenire quod tenetur facere, praratus est facere et complere.

Item Menaldus de Frainhos dixit et recognovit quod tenet terram quam vocat lo can de Bordenos in feudum de vicecomite Martiani ratione castri de Perquerio, pro qua terra debet dare quolibet anno in festo Omnium Sanctorum Domini seu castro de Perquerio duodecim denarios morlanos pro feudis.

Bernardus deu Bresquediu dixit et recognovit quod tenet totam terram quam habet in Martiano de vicecomite Martiani, et debet venire ad curiam dels Sers, et facere exercitum et cavalgatam ; vel si ipse non posset, commiteret unum hominem loco ipsius.

Item ibidem Vitalis de Maren dixit et recognovit quod tenet terram seu affarium de Poey ratione suæ uxoris. Ipse habet unum solum apud castrum de Renun, et ratione ipsius soli debet venire ad curiam de Renun apud castrum dicti loci de Renun coram vicecomite Martiani, citatus tamen et mandatus, nec debet et quod approbat ratione dictarum terrarum scriptum quod est in Massali abbatis Sancti Joannis de Castera, cujus scripti tenor talis est, ut ipse dicit dominus de Poey : est del senhor per emparance per dame fazer soz fimes.

Item ibidem Arnaldus Basquet filius Bernardi Basquet dixit et recognovit quod tenet affarium de Caucabane de vigueria Martiani pro quo debet stare juri in curia dels sers coram viguerio ejusdem curiæ, et dixit si vicecomes Martiani vult extrahere exercitum per vicecomitatum quod omnes homines dictæ terræ de Caucabane tenentes ibi terram dicto Arnaldo de Basquet debent sequi vassallum de Perquerio.

Item ibidem Aymericus de Rebinhano dixit et recognovit quod tenet affarium et terram de Lusson de vicecome Martiani, et debet facere pro sporla triginta solidos morlanos, et quod tenet totum affarium et terram de Sent Johannet de dicto vicecomite, pro quo debet stare juri coram vicecomite Martiani. Item dixit quod tenet Toyosam la blanque de domino Rege, pro qua terra debet stare juri coram viguerio Martiani in curia dels Sers, et dixit quod affarium de Lusso prædictum tenet pro heredagio et penteria ratione domus Martiani.

Præterea ibidem Petrus de Bordenxs dixit et recognovit quod omnia quæ habet in toto Martiano nec aliquis pro eo tenet ratione vigueriæ et est de vigueria dels Sers. Item dixit quod ratione dominii de Labarthe debet facere quindecim solidos morlanos pro sporla vicecomiti Martiani pro uno casali quod vocatur Casale de Bidon, et pro affario de Bausten debet stare juri coram vicecomite Martiani. Testes : Sancius Lupi de Castanderio, Guilhermus Arnaldi D'Arblade, Guarsias Arnaldi de Petralonga, Amaneus de Podiolobant, Nicolaus de Andirana, domicelli,

Raymundus de Cadelhon, Raymundus de Laloberie, Petrus de Pratis.
Actum apud Perquerium die lune ante festum Beati Nicolai hiemalis.

Sequenti die apud Villam novam anno eodem Joannes de Sancto
Stephano dixit et recognovit quod tenet terram et affarium quæ habet in
parrochia Sanctæ Fidis et id quod habet a Correges de vicecomite Martiani, et debet facere unam lanceam pro sporla ad mutationem domini.

Joannes de Griaris de Villanova dixit et recognovit quod tenet terram
et affarium de Lassilhae in parrochia deu Benqueret, et terram de Giastas
in parrochia de Luquenteno cum pertinentiis de vicecome Martiani, pro
quibus debet stare juri coram vicecomite, et facere exercitum et cavalgatam.

Arnaldus de Simione dixit et recognovit quod tenet terram et affarium
de Castanhet cum suis pertinentiis de vicecomite Martiani, et debet
facere quindecim solidos morlanos pro sporla, et exercitum et cavalgatam. Testes : Raymundus de Cadelhon, Stephanus notarius Villæ-Novæ,
Stephanus de Laserre, capellanus de Renu, Menaldus Freguor, Guarsias
de Petralonga.

Boos de Lopgrate, domicellus, dixit et recognovit quod pro illis quæ
habet apud Renun tenet de vicecomite Martiani, et pro his quæ habet
in Marssiano debet venire ad curiam dels Sers ratione vigueriæ et ibi
stare juri.

Item Berarda, domina de Laguarda, dixit et recognovit quod pro his
quæ habet in Marssano debet venire ad curiam dels Sers ratione vigueriæ
et ibi stare juri.

Item Arnaldus Guilhermus de La Cassanha, miles dixit et recognovit
quod pro his quæ habet in Martiano debet venire ad curiam dels Sers
ratione vigueriæ, et ibi stare juri et facere et recipere jus coram vicecome
Martiani.

Item Bernardus de Menhos dixit et recognovit quod pro affario et terra
de Menhos debet venire ad curiam dels Sers ratione vigueriæ et ibi stare
juri, et recipere jus coram vicecomite Martiani.

Item Vitalis de Las Bedelhas dixit et recognovit quod ea quæ habet
apud Arrenum tenet de vicecomite Martiani, et debet venire ad curiam
de Renun, et facere exercitum et cavalgatam.

Item Joannes de Mallesana et Maria de Cruce dixerunt quod tenent
terram et affarium de Sans de vicecomite Martiani, et quod debent facere
pro sporla cum Arnaldo de Simione coram personario quindecim solidos
morlanos per medium, et debent venire ad curiam dels Sers et ibi stare

juri. Testes : Arnaldus de Santo Germano, Arnaldus Lupy de Labroquere, miles, Arnaldus de Meurrino, Petrus de Bordenxs, Aymericus de
Rebudiano.

Item Vitalis de Sent Caue, domicellus, dixit et recognovit quod pro
terra de Beron quæ est in parrochla de Beron debet venire ad curiam
dels Sers ratione vigueriæ, et ibi stare juri, et debet facere ibi jus et
legem. Testes : abbas Sancti Severi, Arnaldus de Sancto Germano,
Bernardus de Porta, Raymundus Bernardus de Porta, burgenses Ruppi-
forti. Actum die martis post octavam Purificationis Beatæ Mariæ anno
Domini 1279.

Anno quo supra, die sabbati post festum Beati Mathei apostoli, in
curia dels Sers, coram Petro de Dunxo senescallo Martiani, Bertrandus
d'Arblada, domicellus, dixit et recognovit quod ea quæ habet in terra
de Cos a Perquie tenet de vicecomite Martiani, et pro aliis quæ habet in
Martiano est de vigueria Martiani, et pro his debet venire ad curiam dels
Sers et ibi stare juri. Testes : Arnaldus de Sancto Germano, Arnaldus
Lupi de Labroquere, Arnaldus Raymundus de Lacassaigna, Amaneus de
Labroquere, milites, Arnaldus de Meurrino, Petrus de Bordenxs, Aymericus de Rebinhano.

Item Arnaldus de Laloberie dixit et recognovit quod tenet de feudo
nnam militiam et abbatiam de Castandet, et pro ipsis debet venire ad
curiam dels Sers, et debet sporlare decem solidos ad mutationem domini,
et non cognovit aliquem alium.

Item Arnaldus Amanevi de Campet dixit et recognovit quod tenet
terram de Luest cum pertinentiis suis in vigueria de Martiano, et quod
debet venire ad curiam dels Sers ad mandatum Dominæ Constantiæ,
viguerissæ Marssani, et est de jurisdictione ipsius pro terra. Dixit tamen
quod dicta terra est de feudo domini Regis, et dicta domina habet juris-
dictionem in ipsa terra, de fondo terræ et de capite hominis, ratione
vigueriæ requisitus.

Item Philippus de Carrasset, Petrus, frater ejus, dixerunt et recognoverunt se tenere militiam de Lagarda cum personario Joanne de Malteres
cum pertinentiis in vigueria Martiani, pro qua debet venire ad curiam
dels Sers.

Item dominus Arnaldus Guilhermus de Lacassanha dixit et recognovit
quod tenet de feudo terram et affarium de Canenxs, scilicet quatuor
casalia cum pertinentiis suis. Item feuda de Larenhet tenet eadem
ratione de vigueria ut supra.

Item Guilhermus Sans de Mauranxs et en Bidal de Mauranxs dixon et reconegon que totas las terras que han a Mauranxs tienen dels viscomps de Marssan. Testimonis : Per de Bespac, Joan de Cassiet, Bernad Bazie, Ramon de Beron.

Item Bernardus de Senbabielhe dixo et reconego que thien las que ed a a Senbabielhe en ias parroquies de Sent Predor e de Campanhe dels vescomps de Marssan, e far nau deners et mesalhe chacun an per emparance. Testes : en Vidalet de Farbausz, Roger Descaubus, Amanus de Poyolobaut. Retinuit instrumentum Gassie de Bordes.

Petrus Basia et Raymundus deu Bosc dixerunt quod tenent casale de Bordes in parrochia de Lucbardees cum pertinentiis suis de vicecomite Martiani ratione castri de Monte ; pro quo debet facere duodecim denarios morlanos pro deverio annuatim solvendos in festo Sancti Andreæ, et facere pro casali unam placentam vel denarium pro placenta.

Item Guilhem Doat, Petrus Noguer de parrochia de Lucbardes dixerunt et recognoverunt quod tenent casale deu Noguer, et quod debent insimul duodecim denarios morlanos, et facere ost et cavalgatam.

Vicini et alii homines de Monte sunt homines vicecomitis Martiani sicut alii vicini et burgenses Montis.

Item Petrus de Baticab, Vitalis de Baticab dixerunt idem debere facere sicut alii ratione casalis de Baticab, exceptis placentis. Testes : Arnaldus de Simione, Amaneus de Poylobaut.

Item Oddo de Clarac, domicellus, juratus dixit quod affarium de Til prope Gualhere et ea quæ ibi tenet a dicta domina in feudum, pro quibus debet facere unan lanceam cum ferro deaurato. Item dixit quod castrum Dartassen cum pertinentiis suis est de vigueria et de curia dels Sers. Item dixit etiam quod parrochia de Gualhera et quæcumque ibi tenet in vigueria de Marssano ea tenebat a domino vicecomite Martiani Artassen in feudum, et ei tenetur facere in mutatione domini unum asturconem primum et pro præmissis omnibus, et est de curia dels Sers sicut et alii.

Domina Comtor de Bedeissano dixit et recognovit quod quæcumque tenet in Martiano tenet in vigueria Martiani, et pro his est de curia dels Sers, exceptis his quæ tenet apud Perquerium et apud Villam novam, et pro his est de curiis dictorum locorum ; dixit etiam quod plus ea quæ tenet a Guardiet in parrochia de Sent Bidor, videlicet medietatem quatuordecim casalium tenet a domina Constantia.

Petrus Arnaldi de Bedeissano dixit et recognovit quod quæ habet in

Martiano sunt in vigueria Martiani et de curia dels Sers, exceptis quæ tenet apud Perquerium et apud Villam novam.

En Bernad del Miralh, ciutadan de Bazatz dixo que la terre que a en Marssan ed nou pode trobar per si ni per nulha autre personne que sa en re aye dat nul dever ny feyte servitut a nul autre senhor exceptat lo bescompte de Marssan ; carta feyta per mang de Arnaud Grimal notary public de Bazatz.

Hæc sunt quæ dominus de Estano tenet a vicecomite Martiani, videlicet castrum et locum de Fontans cum omnibus pertinentiis suis cum mota vocata Fontans et cum pertinentiis suis, et mota et infra decos de Perquerio. Item totum affarium et territorium de Perpied cum pertinentiis suis ; item totum affarium et territorium de Badiguos cum omnibus pertinentiis. Item totum affarium et territorium de Lartigua cum pertinentiis suis. Item totum affarium et territorium de Fornius cum pertinentiis suis. Item totum affarium quod dominus de Estano habet et tenet ratione successionis Arnaldi Bernardi de Adura.

Arnaldus Raymundi de Claveria de Renuo facit quinque solidos bonos morlanos pro casali de La Claveria in parrochia Sancti Petri de Renuo, et pro una correya dictæ terræ Guarbareytz in parrochia de Borderes dicto casali pertinenti, et dominus vicecomes debet ipsum emparare et deffendere in premissis omnibus. Carta facta per magistrum Arnaldum de Genaux die Jovis post festum Beati Mathiæ apostoli anno Domini millesimo trecentesimo trigesimo secundo » (1).

---

(1) Biblioth. Nation. Collect. Doat, vol. 174, pp. 18-34.

# LISTE ALPHABÉTIQUE

*des seigneuries et paroisses les plus difficiles à identifier, avec la succes-
sion générale des seigneurs qui les ont possédées jusqu'à la Révolution*

———

AGUOS. — Agos, seigneurie en Rougue (S<sup>rs</sup> successifs : les Laminsans,
Classun, Garralon, Larrieu).

ANDEISSAN. — Inconnu.

ARENUN. — Renung, commune.

ARGELOUSE, seigneurie en Arouille (les Gausbert, Lasserre, Argelouse,
Leblanc, Puyollé).

ARREDJOS — Retjons, commune.

ARRICAU, seigneurie en Laglorieuse (les S. Germain, Laminsans, Peyru-
quéú, Lucmau, Lasserre, Poyféré, Cours).

ARRIMBLES. — Rimblez, seigneurie en Gaube (les Pomiès, Bezoles,
Lacroix de Ravignan).

ASTAA. — Estang (Gers).

AURANDET, seigneurie en Cazères (les vicomtes de Marsan, les Prémon-
trés de la Castelle).

AVERON, terre noble en Lussagnet ; forêt noble.

AYZIU. — Ayzieu, commune du Gers.

BADIGOS, église et paroisse disparues, en Villeneuve.

BARGUES, seigneurie en Lucbardès (les de Pons, Lassalle, Mesmes,
Bordenave, d'Abadie).

BASCAUDES, seigneurie en Toujouse (Gers).

BASCOOR. — Bascons, commune.

BATICAB, seigneurie inconnue.

BAUSTEN-SEDASSÉ — Bausten, annexe de Bascons (les évêques d'Aire
et les Bénédictins de S. Sever).

BAYSSEN. — Bachen, en Duhort (les S. Orens, Baradat, Ducos, Prugue,
Dorthes, Pausader).

BENQUERET, paroisse disparue, en Gaube, dédiée à S. Laurent.

BERBEGUÈRES, seigneurie en Cazères (les Lartigue, Labatut, Monlezun,
l'ernède, Corneillan, Lanusse, Gabasbielle, puis les
seigneurs de Bachen).

BERON. — Averon. Cf. ce mot.

BESLE, seigneurie en S. Martin d'Oney (les du Lyon).

BESSAUT, hôpital-commanderie en Lencouacq.

BEUSTE, seigneurie qui semble être la même que Besle.

BIAT, seigneurie en Villeneuve (les d'Aydie, Lafargue, Ferron, Cassaigne).

BONHÈRES, seigneurie en Esperons (les Castelnau, Baylenx, Poyanne).

BONLUC, seigneurie en Fargues (les mêmes seigneurs que Dade).

BORDENX, seigneurie en Perquie (les Castets, Laborde, Pomiès).

BORDES, seigneurie en Lucbardès (les Lassalle).

BRASSENX, seigneurie en Grenade (les Dupoy, Dubois, Momas, Junca, Du Cournau).

BRESQUEDIEU, seigneurie en S. Vidou (les France, Serres, Dupouy, Laborde, Brocas, Gaube, Cassaigne).

BRULLET, seigneurie en Lussagnet (les Bachen, Bernède, Baradat, Corneillan, Darrouzès, Castin, Laminsans, Gaubère, Maureillan, Tortoré, Mercier, Lavergne).

CANCRE (?) terre noble, en Renung.

CARRASSET, seigneurie près Nonères (les Carrasset, Marcadé, l'abbaye de S. Sever.

CASAUBIDON, domaine noble, près Castandet.

CASAUX, seigneurie en S. Martin-d'Oney (les du Lyon, Frêche, Dubois, Laborde, Marsan, Labarthe-Giscaro, Lassalle, de Cours, du Lyon).

CASTAIGNÉ, seigneurie en Villeneuve (les Pomiès, Bartheau, Touzeuts, Dusire).

CASTETS, commune du Gers.

CAUCABANNE, seigneurie près Perquie.

CAYSSEN. — Cachen, commune (les Mesmes, Meillans, Mora, Deyts, Lassalle, Junca, Persillon, Lescalle, Lassalle).

CÉSERON, seigneurie en Uchac (les Micarrère, Lassus, Capfaget, Fos, Prugue.

CLAVERIE, seigneurie en Renung.

COCUT, seigneurie en Perquie (les Descamps).

CONDAU (LA), seigneurie en Grenade.

CONDZ, église inconnue dédiée à S. Pierre.

CORRÈGES, territoire noble près Sainte-Foy la Grande.

COS, terre noble en Perquie.

DADE, seigneurie en Fargues (les Marsan, Béarn, Camon, Beynac, Castelnau-Jupoy).

DAILHEY, seigneurie en ou près Mont-de-Marsan (les Lobart).

DAUNEY, seigneurie en ou près Renung. Est-ce Oney ?

FARGUES, terre noble près Roquefort.

FAZET. – Fayet, seigneurie en Duhort (l'abbaye de la Castelle).

FEUGAROLES, seigneurie en Cazères (les Vergoignan, Castelpugon, les jurats de Cazères).

FONTANIIS. — Hontanx, commune.

FORNIUS. — Hournieux, seigneurie en S. Médard de Bausse (les Farbaus, les Cordeliers de Mont-de-Marsan, Capfaget, Burriot, Marrast).

GARBAY, seigneurie en Hontanx ; terre noble en S. Justin.

GIASTAS (?) terre noble près Villeneuve.

GUARDIET, domaine noble en S. Vidou.

GUARBAREYTS. – Gabareits, seigneurie en Renung (les Claverie, Pic, Dufau, l'abbaye de la Castelle).

GUOSSIAS. — Goussies, seigneurie au Frêche (les Brocas, puis les seigneurs de Tampoy).

LABARTHE, seigneurie près Perquie.

LABROQUÈRE, seigneurie en Toujouse.

LACASSAIGNE, seigneurie en Benquet (les Bresquit, Malartic, Lescun, Laborde).

LADIUS. -- La Duys ou Lajus, seigneurie près Mont-de-Marsan.

LAFITAU, seigneurie en Monségur (les Lafitau, Ladoue).

LAGARDE, seigneurie en Maillères.

LAGRAVEYRE. — La Gouaneyre, cours d'eau qui traverse Lencouac.

LAMINSANS, seigneurie en Castandet (les Lopgrate, Laminsans, S. Julien, Ducos, Sarraute, Massiot, Poitevin, Larroque, Lassalle).

LAMOLÈRE, seigneurie, en Campet (les Bresquit, Capfaget, Fos).

LANEGRAN, territoire noble, vers Sore.

LANELUC, seigneurie au Vignau (les Laneluc, Noaillan).

LANUSSE, seigneurie en Clèdes (les Castelnau, Poyanne, Barry).

LAPORTE, seigneurie en Roquefort (les Béarn, Galard, du Lin).

LARÉE, commune du Gers.

LARENHET, seigneurie inconnue.

LARTIGUE, seigneurie en Renung et Bordères (les Doazit, Lartigue, Seignanx, Vignes, du Vacquier).

LASSILHAL (?) seigneurie inconnue.

LAU, seigneurie en Duhort (les Payros, Castelnau, Marsan, Foix-Candale, Benquet d'Arblade).

LORDEN. — L'Orden, cours d'eau à Bahus.

LOUBAIGNON, seigneurie en Lucbardès (les Deytz, Lassalle).

LUEST, seigneurie en Ste-Foy (les Lacomère, Maurin, Laminsans, Mesmes, Lasserre, Poyféré, Segas).

LUGAUTENH, seigneurie en ou près Roquefort (les Lassalle).

LUQUET ET LUQUENTENO, paroisse inconnue.

LUSSON, seigneurie en Perquie (les Lanusse, Maniban, Mesmes, Ravignan).

MALARTIC, seigneurie en S. Martin de Noet (les Ferron, S. Julien).

MALOVICINO — Mauvezin, commune.

MARTHENS, seigneurie en Campet (les Lartigau, Filhot, Junca, Peich).

MAURANX, seigneurie près Mont-de-Marsan (les Bordenave).

MAUREILHAN, seigneurie en S. Cricq-Villeneuve (les Pomiès, Bartheau, Cassaigne).

MAYSSEN. — Maichen, seigneurie en S. Perdon (les Six, Gardeion, Marcader, Prugue, Labasse, Bordenave, Ducournau-Pébarthe).

MEIGNOS, seigneurie en Bougue (les Micarrère, Ferbeaux, Mélignan, Poyféré, Cours).

MEURRIN. — Maurrin, commune (les Béarn, Laminsans, Baylenx, Benquet, Péralty, Valier, Castelnau, Poyanne, Pardaillan-Gondrin, Dupeyron).

MIRALH, seigneurie inconnue en Marsan.

MOLÈS, seigneurie en Cazères (les seigneurs du Vignau).

MONTOLIEU, seigneurie en Mont-de-Marsan, à distinguer de la seigneurie du même nom en Arjuzanx.

NOGUER, terre noble en Lucbardès.

OGNOAS, seigneurie en Arthez (les Argelouse, Lagréu, Aydie, Dufourcq, Filhot, Lormand).

PALASO, seigneurie en S. Médard (les Bresquit, Prugue).

PARENTIES, seigneurie en Uchacq (les Micarrère, Prugue, Andrault, Muller).

PERPIED, seigneurie près de Hontanx.

PEYRELONGUE, seigneurie en Hontanx (les Peyrelongue, Navailles, d'Aon).

Poy, seigneurie en Larrivière (les Poy, Galard, Beynac, Du Cournau, Castelnau-Tursan).

Poy de Saube. — Pouydessaux, commune (les Garlenx, Vacqué, Lacroix, Lassalle).

Poységur, seigneurie en Renung (les Tapiau).

Puyo. — Pujo-le-Plau, commune (les Puyo, Gabaston, Béarn, Benquet, Valier, S. Lary, Salettes, Poyanne, Poniiès).

Romadges, seigneurie inconnue.

S. Aubin, seigneurie inconnue dans le Marsan.

S. Genès, seigneurie dans Tartas (l'abbé de S. Sever, les d'Auzole, Chambre).

S. Germé, commune dans le Gers).

S. Joannet, seigneurie en Losse.

S. Martin, seigneurie en Bachen.

S. Fredor. — S. Perdon, commune (les abbés de Pontaut, de Spens d'Estignols).

S. Quentin, seigneurie inconnue.

Las Saligues, terre noble en Bordères (les Lassalle).

Sans, seigneurie près Souprosse (l'abbaye de S. Sever.)

Seubabielhe, seigneurie en S. Perdon.

Sorion, seigneurie en S. Médard (l'abbaye de S. Sever).

Tilh, seigneurie en Gaillères et Baustens.

Toujouse, commune du Gers (les Toujouse, Gondrin, Maniban).

Toujouse-Blanque, seigneurie en Hontanx.

Las Vedeilles. — Las Bedeilles, ancienne paroisse disparue en Duhort.

Vertz. — Vert, commune qui eut les mêmes seigneurs que Garein.

Victrinis. — Beyries, maison mère des Clarisses de Mont-de-Marsan.

L'auteur recevra toujours avec reconnaissance tout renseignement toponymique ou seigneurial qui infirmerait ou complèterait ce travail.